ROBOTER
Wunder der Technik

 Was ist ein Roboter? 2

 **Roboter in der Medizin** .. 16

 Fast wie ein Mensch! 4

 Im tiefen Meer 18

 Die Roboter der Fantasie .. 6

 Noch mehr Roboter 20

 Spielroboter 8

 Katastrophenroboter 22

 Arbeitsroboter 10

 Roboter-Shows 23

 Roboter im Weltall 12

 Quiz 24

 Militärroboter 14

Was ist ein Roboter?

Ein Roboter ist eine computergesteuerte Maschine, die spezielle Aufgaben erledigen kann. Er bewegt sich frei oder ferngesteuert. Mithilfe von Sensoren nimmt er seine Umgebung wahr und passt sich ihr an. Schon früh galt ein „Roboter" als Diener des Menschen. Das Wort stammt aus dem Slawischen und bedeutet eigentlich „Zwangsarbeit". Der Begriff taucht erstmals 1920 in einem Theaterstück des tschechischen Schriftstellers Karel Čapek auf, das von künstlichen Menschen handelt, die als Maschinen die Arbeit der Menschen übernehmen.

Roboterarm

1961 entwickelte General Motors, ein amerikanischer Automobilhersteller, den ersten Industrieroboter namens Unimate. Sein künstlicher Arm führte Befehle aus, die auf einer Magnettrommel (einem Datenspeicher) abgelegt waren. Seine Aufgabe war es, schwere Eisenteile zu bewegen und zu schweißen. Das Bild unten zeigt einen Unimate für den Haushalt aus dem Jahr 1967. Hier schenkt der Roboter Tee ein.

Automaten: Vorfahren der Roboter

Die ersten Automaten gab es bereits in Antike. Es waren mechanische Apparate, durch Wasserdruck, Luftdruck oder System aus Gegengewichten in Beweg versetzt wurden. Mit der Zeit wurden di Automaten perfektioniert und bedien sich dabei der komplizierten Mecha der Uhren. Im Unterschied zu Robote verfügen Automaten jedoch nicht ü einen Rechner, der entscheidet, eine Aktion ausgeführt wird oder ni

Bei diesem Automaten aus dem Jahr 16 befindet sich die Mechanik im Sockel.

Der erste Robot

Sein Name lautete „Elmer, Schildkröte". Er wurde 1950 v dem Amerikaner W. Grey Walt einem Biologie- und Elektron experten, konstruiert. Dank ihr Lichtsensoren bewegte sich „Schildkröte" auf Lichtquell zu. Außerdem besaß sie Se soren, die es ihr ermöglicht Hindernisse zu umgehe

Vielfältige Roboter

Heutige Roboter haben die verschiedensten Former und Größen und erfüllen eine Vielzahl von Aufgaber Die Forscher haben sogar Schlangenroboter (oben) konstruiert, die auf allen Untergründen Halt finden und sich selbst durch kleinste Öffnungen schlängeln können, beispielsweise um nach einem Erdbeben in den Trümmern nach Überlebenden zu suchen.

Wie funktioniert ein Roboter?

Ein Roboter besitzt drei grundlegende Fähigkeiten: Mithilfe von Sensoren nimmt er die Umwelt wahr. Sie sammeln alle Informationen um ihn herum und leiten sie in sein Inneres. Seine Augen sind Kameras, seine Ohren Mikrofone. Zum Tasten verfügt er über Kontaktsensoren.

Er trifft seine Entscheidungen über einen Computer, der die Informationen der Sensoren auswertet, und den Roboter über ein ausgearbeitetes Programm steuert. Ein Roboter kann Bewegungen ausführen und so beispielsweise Gegenstände oder sich selbst bewegen.

Um einen Roboter zu bauen, arbeiten Mechaniker, Elektroniker und Informatiker eng zusammen.

Um sich zu bewegen, verfügt ein Roboter über eine komplexe Mechanik, über elektrische Motoren, Kabel, Druckkolben und Zahnräder. Damit Roboter möglichst gelenkig sind (vor allem die menschenähnlichen) entwerfen die Konstrukteure künstliche Muskeln, die sich mithilfe von elektrischem Strom zusammenziehen.

Mithilfe seiner dreifingrigen Hände, die mit Kontaktsensoren auf allen Fingern und in der Handfläche ausgestattet sind, misst der Versuchsroboter Domo, wie fest ein Gegenstand ist und berechnet genau den Druck, den er ausüben kann.

Fast wie ein Mensch!

Forscher arbeiten an humanoiden (menschenähnlichen) Robotern. Je moderner sie sind, desto besser kopieren sie uns: in ihrer Form, aber auch in ihren Bewegungen. Mit einem Sprachprogramm ausgestattet, können einige verstehen, was wir sagen, oder sogar selbst reden. Andere können die Gefühle ihres Gegenübers erkennen und darauf reagieren. Sie sollen den Alltag des Menschen bei der Arbeit oder zu Hause erleichtern und finden so immer weitere Verbreitung.

RoboCup

Bei dieser Fußballweltmeisterschaft, die jedes Jahr stattfindet, treten Mannschaften aus Robotern gegeneinander an. Die Roboter müssen nicht nur beweglich sein, sondern auch blitzschnell eigene Entscheidungen treffen und gleichzeitig für ihre Mannschaft handeln können. Eine Gelegenheit für die Konstrukteure und Ingenieure aus aller Welt, die Fähigkeiten ihrer Modelle zu testen und unter Beweis zu stellen.

Immer beweglicher

Humanoide Roboter bewegen sich fast schon so mühelos wie wir. Vorbei sind die Zeiten, in denen die Roboter noch vor sich hin ruckelten. Dies zeigt eindrücklich der 60 cm große Roboter links. Er heißt Nao und stammt von der Firma Aldebaran Robotics. Er kann gehen, sich hinsetzen, sogar hinfallen und allein wieder aufstehen. Dies verdankt er zahlreichen Sensoren, die ihm seine Position übermitteln. Er ist sogar ein guter Tänzer und Fußballspieler!

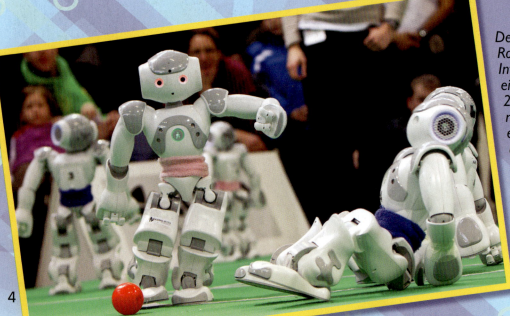

In den Laboren von LAAS-CNRS in der französischen Stadt Toulouse entwickeln die Forscher Programme, die den HRP-2 (oben) noch beweglicher machen.

Der RoboCup soll die Forschung in Robotertechnik und künstlicher Intelligenz fördern und steht vor einer großen Herausforderung: Bis 2050 soll eine Mannschaft aus menschenähnlichen Robotern entstehen, die den dann amtierenden menschlichen Weltmeister schlagen kann! Links am Ball: Nao beim RoboCup 2012.

Roboter mit Gefühlen

Um immer enger an der Seite der Menschen zu leben, werden die Roboter „vermenschlicht". Sie erkennen uns, verständigen sich mit uns und erfassen unsere grundlegenden Gefühle. Ausgestattet mit einer großen Sammlung möglicher Gefühlsregungen kann der Roboter Pepper, gebaut von Aldebaran Robotics, unsere Gemütsverfassung erkennen. Dafür analysiert er unseren Gesichtsausdruck, unsere Bewegungen und Worte, und handelt entsprechend. Wenn wir beispielsweise traurig sind, versucht er uns zum Lachen zu bringen, indem er uns unsere Lieblingsmusik vorspielt.

Der Roboter Pepper

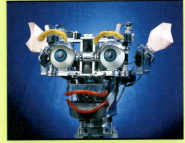

Kismet ist ein Versuchsroboter, der menschliche Gefühle nachahmen kann. Das macht ihn uns so ähnlich.

iCub, das Roboterkind

iCub ist ein kleiner Versuchsroboter. Seine Größe entspricht der eines etwa dreieinhalbjährigen Kindes. Er kann auf allen vieren krabbeln und sich aufsetzen. Mithilfe eines Rechners, der die menschlichen Lernprozesse nachahmt, kann der Roboter eigenständig sprechen lernen und Problemlösungen finden. Wie ein Kind entwickelt er sich aufgrund seiner Erfahrungen immer weiter.

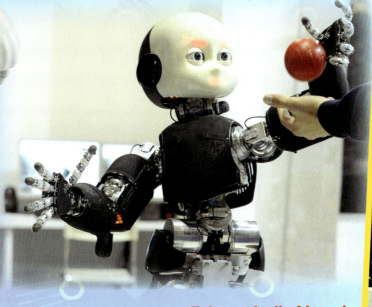

Echter als die Natur!

Manche humanoiden Roboter sehen einem Menschen unglaublich ähnlich. Das nebenstehende Robotergesicht ist mit einer künstlichen Latexhaut überzogen. Der Roboter kann sogar Gefühle ausdrücken, lächeln oder die Stirn runzeln.

Die Roboter der Fantasie

Bevor sie Ingenieure und Wissenschaftler inspirierten, waren Roboter bereits Science-Fiction-Figuren. In Büchern und Filmen übernehmen furchterregende Maschinen die Macht über ihre Schöpfer und die Welt; angenehmere Exemplare dagegen werden mit menschlichen Gefühlen ausgestattet. Hier spiegelt sich die Mischung aus Vertrauen und Angst, die immer leistungsstärkere Maschinen bei uns hervorrufen. Heute ähneln unsere Roboter immer mehr jenen fantastischen Figuren.

Metropolis
Dieser Stummfilm von Fritz Lang spielt im Jahre 2026 in der Stadt Metropolis, die von dem Tyrannen Joh Fredersen beherrscht wird. Die Arbeiter schuften unter schrecklichen Bedingungen unter der Erde, um das Wohlergehen der Reichen zu sichern. Die junge Frau Maria ergreift für sie Partei und verspricht ihnen ein besseres Leben. Joh Fredersen fühlt sich bedroht und lässt einen bösartigen humanoiden Roboter bauen, der aussieht wie Maria, jedoch ihm gehorcht. Mit ihm will er die Arbeiter überlisten.

Alarm im Weltall
In diesem Film aus dem Jahr 1956 landen Kapitän Adams und seine Crew mit ihrem Raumkreuzer auf dem 4. Planeten des Altair-Systems. Dort lernen sie den freundlichen Roboter Robby kennen, der im Film zum Publikumsliebling und später zu einem beliebten Spielzeug wurde.

I, Robot
Der 2004 veröffentlichte Film spielt im Jahr 2035. Die Roboter sind zu perfekten Assistenten der Menschen geworden, die ihnen vertrauen und von ihnen abhängig sind. Nach dem Tod eines Roboterentwicklers verdächtigt der Polizist Del Spooner einen Roboter namens Sonny, seinen Schöpfer getötet zu haben. Doch die Roboter sind so konstruiert, dass sie keinem Menschen schaden dürfen. Im Gegenteil: Sie wurden geschaffen, um die Menschen zu beschützen. Del Spooner kommt ein schrecklicher Verdacht …

Iron Man
Seit 1963 ist Iron Man einer der Superhelden amerikanischer Comics. Der entführte Tony Stark stellt in der Gefangenschaft eine Roboterrüstung her, die ihm die Flucht ermöglicht. So wird er zum Iron Man, dem Rächer in der Rüstung, und sagt allen Verbrechern den Kampf an. Die Abenteuer des Superhelden wurden später in mehreren Kinofilmen erzählt.

Wall•E
Die Geschichte dieses Films spielt in der Zukunft. Die Menschen haben die Erde verlassen, da diese zu einer riesigen Mülldeponie geworden ist. Der kleine Roboter Wall•E hat die Aufgabe, den Planeten zu säubern, aber er fühlt sich sehr einsam. Dann begegnet er dem weiblichen Roboter EVE, der mit der Mission auf der Erde ist, nach Überresten von pflanzlichem Leben zu suchen. Wall•E verliebt sich in EVE, und als sie die Erde verlassen muss, folgt er ihr ins All. Gemeinsam erleben sie dort unglaubliche Abenteuer.

Transformers
Bei diesen Spielzeugfiguren geht es um den Krieg gegen außerirdische Roboter, die Transformers, die sich in Lastwagen, Tanks und selbst Hubschrauber verwandeln können! Die grausamen Decepticons wollen das Universum beherrschen, während die friedlichen Autobots an der Seite der Menschen die Erde verteidigen. In einer Folge der Saga kommen auch die Dinobots ins Spiel, die sich in furchterregende Dinosaurier verwandeln können.

Spielroboter

Die ersten Spielroboter kamen in den 1940er-Jahren auf den Markt. Damals handelte es sich um einfache Modelle, die durch einen schlichten Mechanismus in Bewegung versetzt wurden. Später entstanden die erstaunlichsten Spielsachen, vollgestopft mit Elektronik. Der Roboter wurde zu einem unterhaltsamen und geliebten Spielgefährten. Nur der Preis ist hoch geblieben. Heute können Kinder mit entsprechenden Bausätzen sogar ihren eigenen Roboter bauen!

Roboter-Nachbauten

Die ersten Spielroboter waren aus Blech. Man zog sie mithilfe eines Schlüssels auf, und sie setzten sich in Bewegung. Manche gaben Töne von sich, andere hatten blinkende Lichter. Rechts der Roboter Robby, Held des 1956 erschienenen Films „Alarm im Weltall" (siehe Seite 6). Heute sind diese Roboter begehrte Sammlerstücke.

Furby

1998 erschien dieses kleine Roboter-Kuscheltier. Es war das erste virtuelle Haustier, und es begeisterte Millionen Kinder. Furby spricht (und zwar in seiner drolligen Sprache „Furbisch"), singt, tanzt und gibt Küsschen. Bis heute entstehen neue Versionen von Furby. Die kleine Figur ist in der Lage, Persönlichkeit und Aussehen zu verändern, wenn man sich um sie kümmert.

Genibo

Genibo ist ein kleiner, lernfähiger Roboter-Bullterrier. Wie ein echter Hund kann er erzogen werden, und wie er macht er manchen Unsinn, bellt, wenn er sich freut, spielt, schnüffelt auf dem Boden, legt sich hin und schnarcht. Er zeigt unterschiedliche Gefühle, indem er die Form seiner Augen verändert, mit dem Schwanz wedelt oder mit den Ohren wackelt.

Genibo gehorcht auf Stimmkommandos seines Besitzers. Mit 17 Motoren und zahlreichen Sensoren ausgestattet, bewegt er sich mit Leichtigkeit in seiner Umgebung und steht allein auf, wenn er gefallen ist.

Pleo, der Dino

Dieser scheinbar weiche Dinosaurier steckt voller Robotertechnik. Das Bild oben rechts zeigt sein aus Elektronik, Motoren und Zahnrädern bestehendes Skelett. Neu gekauft ist er vollkommen tollpatschig, kann noch nicht einmal laufen. Er muss alles lernen und entwickelt seine eigene Persönlichkeit erst an der Seite seines Besitzers. Vorausgesetzt natürlich, er wird ernährt und bespaßt. Sehr ausdrucksstark kann Pleo viele Gefühle zeigen, von Freude über Trauer bis zu Wut, Überraschung, Angst und Neugierde.

Bau deinen eigenen Roboter!

Mittlerweile ist es möglich, mithilfe von Bausätzen, wie etwa dem Lego Mindstorms EV3, einen eigenen Roboter zu bauen. Man kann ihm jede gewünschte Form verleihen und ihn anschließend durch die Programmierung eines Rechners zum Leben erwecken. Eine spielerische Art, sich Mechanik, Elektronik und Informatik zu nähern.

Der Bausatz Lego Mindstorms EV3 erlaubt es, den Roboter nach eigenen Wünschen zu formen und aus der Ferne über ein Smartphone oder ein Tablet zu steuern.

Arbeitsroboter

In der Arbeitswelt, vor allem in der Industrieproduktion, sind Roboter sehr nützlich. Sie sind unermüdlich und in der Lage, Tag und Nacht durchzuarbeiten. Ihre eintönigen, schweren, mühevollen oder gefährlichen Aufgaben erledigen sie mit unglaublicher Präzision. Sie können alle Materialien bearbeiten und an allen möglichen Orten eingesetzt werden. In der Landwirtschaft werden schon zahlreiche Ernte- und Pflugroboter verwendet. Melkroboter erleichtern die Arbeit der Landwirte.

Präzise und feinfühlig

Heutzutage können Roboter selbst kleinste oder sehr zerbrechliche Gegenstände genau bearbeiten. Manche sind in der Lage, verschiedene Mikrokomponenten wie elektronische Bauteile oder Uhren in rasantem Tempo zusammenzubauen. Andere ergreifen weiche Früchte, ohne sie zu zerdrücken, und stapeln sie in Kisten. Der Roboter unten packt Schokoladenstücke einzeln ein.

Die Automobilindustrie

Roboter sind unempfindlich gegen Hitze, Lärm und schädliche Dämpfe und werden deshalb in der Autoherstellung eingesetzt. Die einen bearbeiten Karosserieteile, die durch Pressen in Form gebracht werden. Die anderen arbeiten entlang der gesamten Montagestraße, bringen die Einzelteile an und schweißen jed[es] Auto an mehr als 4500 Schweißpunkten. Wieder andere bringen Dichtunge[n] an, bauen das Cockpit od[er] die Windschutzscheibe ei[n] und lackieren die Autos a[us] Spritzpistolen.

Für jede Gelegenheit

Roboter werden immer mehr in Arbeitsbereichen eingesetzt, die für den Menschen oft nicht zu bewältigen oder zu gefährlich sind. Manche wurden konstruiert, um die Beschaffenheit von Abwasserkanälen zu überprüfen (links). Der Roboter Riwea (rechts) wurde gebaut, um an den Gipfeln der Windräder die Ruderblätter auf Risse oder Schäden zu überprüfen. Er umschließt die Außenflächen und tastet sie mit seinen Sensoren ab.

Supersauber

Manche Arbeitsschritte müssen in einer sterilen Umgebung erfolgen, also geschützt vor Keimen und Staub. Dies ist beispielsweise bei der Herstellung von Medikamenten nötig, bei der Nachbildung von genveränderten Organismen oder bei anderen Arbeiten in einem Labor. Selbst wenn er einen Schutzanzug trägt, kann ein Mensch die Umgebung verunreinigen oder selbst verunreinigt werden. Ein Roboter nicht. Rechts stellt ein Roboterarm, der von außen gesteuert wird, Medikamente her.

Melkroboter

Inzwischen stehen den Landwirten immer mehr Roboter zur Seite. In der Massentierhaltung gibt es ganze Hallen mit Melkrobotern, die an ein Karussell erinnern. Die Kühe gehen nacheinander hinein und werden von leistungsstarken Roboterarmen, die mit 3-D-Kameras ausgestattet sind, festgehalten. Als Erstes werden die Zitzen der Euter gesäubert, dann die Zapfbecher angebracht. Während die Kühe gemolken werden, kontrollieren Sensoren den Gesundheitsstatus der Kuh und die Qualität der Milch. Der Bauer erhält alle wichtigen Informationen direkt auf einen Monitor.

Oben eine drehbare Melkanlage. Sie ist geeignet für Herden von über 300 Tieren und ermöglicht das Melken von 90 Kühen pro Stunde! Rechts die Roboterarme im Detail.

Roboter im Weltall

Um durchs All zu reisen und ferne Planeten zu erforschen, benötigt ein Astronaut Sauerstoff, Wasser und Nahrung. Ein Roboter nicht. Er kann sogar extremen Temperaturen standhalten und seine Missionen erfüllen, wenn die Reise mehrere Jahre dauert. Dank robotischer Sonden und unbemannter Flugraketen gelingt es dem Menschen, die Grenzen unseres Sonnensystems zu überwinden!

Roboterarm

Der Canadarm 2 ist ein etwa 17 m langer, beweglicher Roboterarm. Er wird von der ISS gesteuert, der internationalen Raumstation, die als riesiges Labor in der Umlaufbahn der Erde schwebt. Er bewegt sich auf einer Schiene und ermöglicht verschiedene Arbeiten außerhalb der Raumstation.

Der Roboterarm Canarm 2 kennt alle B und Wartungsplän der Raumstation IS und dient ihrer Insta haltung. Er verfügt beiden Enden über ein Greifmechanik, mit der er sic wie eine Raupe an der Station fe halten kann! Auch ein Astronau kann sich am Arm festklinken und nötige Arbeiten außerhalb der ISS verrichten.

Reise zum Mars

Dieses niedliche Weltallfahrzeug ist nichts anderes als ein Roboter und heißt Curiosity. Seit August 2012 fährt er auf dem Mars umher. Seine Mission: Er soll herausfinden, ob Leben auf dem roten Planeten möglich ist. Mit einem Gewicht von 900 kg und einer Länge von 3 m ist er ein wandelndes Labor, ausgestattet mit zahlreichen wissenschaftlichen Instrumenten, Fotoapparaten und sogar einem beweglichen Arm, mit dem er in der Erde graben und Proben entnehmen kann. Um zu rollen und zu funktionieren, verwendet Curiosity Plutonium 238, ein radioaktives Metall, das eine starke Hitze freisetzt, die in Strom umgewandelt wird.

Curiosity ist neun Monate in einer Sonde gereist, bevor er den Mars erreichte. Mithilfe eines großen Fallschirms hat er sich selbst aus der Höhe eines fünfstöckigen Hauses zu Boden gelassen.

Astronautenroboter

Robonaut ist ein humanoider Roboter, der die Astronauten bei Instandhaltungsarbeiten unterstützt. Seine empfindsamen und beweglichen Hände arbeiten sehr genau und machen einen ausgezeichneten Handwerker aus ihm. Robonaut ist mit Beinen ausgestattet, die allerdings auch ausgeklinkt werden können, um ihn auf einem Sockel zu befestigen – auch kopfüber. Zurzeit beweist er seine Fähigkeiten an Bord der ISS (rechts).

Eine unglaubliche Reise

August 2012: Die Sonde Voyager 1 überschreitet die Grenze unseres Sonnensystems. 35 Jahre zuvor hatte sie ihre Reise angetreten, um Planeten und ihre Satelliten zu erforschen. Sie hat bisher mehr als 19,5 Milliarden Kilometer zurückgelegt! Damals glaubte man nicht, dass ihre Plutoniumbatterien so lange halten würden. Doch sie sendet noch immer Daten. An Bord hat sie auch Bilder oder Tonaufnahmen über die menschliche Spezies – für den Fall, dass sie auf Außerirdische trifft. Die baugleiche Voyager 2 startete ebenfalls 1977, folgt aber einer anderen Flugbahn.

Roboter auf Komet

Am 27. Februar 2004 startete die Sonde Rosetta, um den europäischen Roboter Philae auf den Kometen Tschurjumow-Gerassimenko, genannt „Tschuri", zu transportieren. Eine Premiere in der Geschichte der Weltraumeroberungen! Die Reise dauerte etwas mehr als zehn Jahre und erstreckte sich über eine Entfernung von 6,5 Millionen Kilometern. Am 13. November 2014 warf die Sonde den Roboter über dem Kometen ab. Trotz einer chaotischen Landung hat Philae seine Arbeit aufgenommen und erste Fotos von Tschuri an die Erde gesandt.

Die Sonde Rosetta

Der Roboter Philae

Der Boden des Kometen, fotografiert von Philae

An die Arbeit!
Der Roboter Philae hat den Auftrag, Daten vom Kometen Tschuri zu sammeln. Über sie erhoffen sich die Wissenschaftler Erklärungen zum Leben auf der Erde, denn man erforscht, ob das Wasser durch Kometen auf unsere Erde gekommen sein könnte.

13

Militärroboter

In den letzten Jahren haben Roboter das Gesicht des Krieges sehr verändert. Drohnen, die ohne Pilot gesteuert werden, steigen zu Erkundungs- oder Angriffsflügen in den Himmel. Auf dem Boden dienen geländegängige Roboter als Aufklärer oder sind, ausgestattet mit schweren Waffen, zum Kampf bereit. Als Exoskelett (Außenskelett) schützen und bewaffnen sie den Soldaten, verzehnfachen seine Kraft und verbessern seine Beweglichkeit. In Zukunft sollen High-Tech-Waffen entstehen, die bisher nur Action-Helden in Filmen vorbehalten waren. Ein Projekt für eine gar nicht so ferne Zukunft …

Soldat der Zukunft

Das nebenstehende Bild zeigt einen Soldaten, wie er vielleicht schon in einigen Jahren aussehen könnte. Er ist mit einem Exoskelett ausgerüstet, einer robotischen Rüstung, die seine Kräfte verzehnfacht und seine Einsatzdauer steigert. Schon heute ist ein solches Exoskelett bereits gut entwickelt, doch die Forschungen gehen weiter. Das amerikanische Militär arbeitet zurzeit an einer Roboterrüstung namens Talos, die aussieht, als wäre sie einem Science-Fiction-Film entsprungen. Das ausgefeilte Exoskelett steckt voller modernster Technologien und wird vielen Schüssen standhalten können.

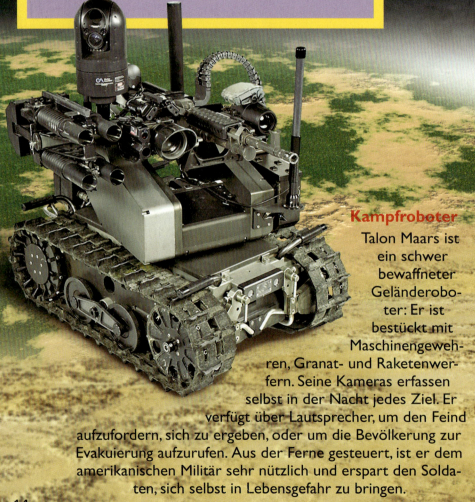

Kampfroboter

Talon Maars ist ein schwer bewaffneter Geländeroboter: Er ist bestückt mit Maschinengewehren, Granat- und Raketenwerfern. Seine Kameras erfassen selbst in der Nacht jedes Ziel. Er verfügt über Lautsprecher, um den Feind aufzufordern, sich zu ergeben, oder um die Bevölkerung zur Evakuierung aufzurufen. Aus der Ferne gesteuert, ist er dem amerikanischen Militär sehr nützlich und erspart den Soldaten, sich selbst in Lebensgefahr zu bringen.

Das Exoskelett Herkules entstammt einem Forschungsprojekt des französischen Verteidigungsministeriums. Es passt sich den Bewegungen des Soldaten an und erlaubt ihm, selbst schwerste Lasten ohne die geringste Anstrengung zu transportieren. Herkules wird durch ein Lithium-Ionen-Akku angetrieben, der fünf Stunden hält. Eine zivile Version soll dem Menschen bei schweren Arbeiten helfen, beispielsweise beim Hausbau.

Die Drohne nEUROn kommt nicht aus der Zukunft, sondern wurde in Europa entwickelt.

Drohnen

Eine Drohne ist ein unbemanntes Flugzeug. Es kann ferngesteuert werden, selbst über eine Entfernung von mehreren tausend Kilometern, kann aber auch dank eines Computers an Bord selbstständig manövrieren. Die Drohne nEUROn befindet sich noch im Versuchsstadium und ähnelt mit ihrer Länge von 10 m und einer Flügelspannweite von 12,5 m einer fliegenden Untertasse. Auf dem Radar ist sie nicht sichtbarer als ein Vogel und erreicht eine Geschwindigkeit von 980 km/h! Selbst wenn die Reiseroute fest programmiert ist, kann das Bodenpersonal zu jeder Zeit eingreifen. Ausgestattet mit Kameras und Messinstrumenten, ist die Verteidigung, notfalls auch mit Waffen, ihre wichtigste Aufgabe.

Spy Arrow ist eine Mikro-Drohne, die vollkommen selbstständig starten und landen kann. Nur 700 g schwer, wird sie mit der Hand geworfen. Sie ist sozusagen eine fliegende Kamera und ermöglicht Landstreitkräften oder Spezialeinheiten, schnell zu überprüfen, wer oder was sich hinter einem Hügel oder einem Gebäude befindet. So kann sie das Leben vieler Soldaten retten, indem sie frühzeitig mögliche Bedrohungen erkennt. Die Forschung arbeitet an noch kleineren Aufklärungsdrohnen, die lediglich die Größe einer Libelle haben.

BigDog

BigDog (großer Hund) ist ein vom amerikanischen Militär finanziertes Projekt. Dieser Roboter ist dafür konstruiert, die Ausrüstung von Soldaten (bis zu 180 kg Waffen, Medikamente und Nahrung) zu tragen. Er kann sich auf unwegsamem Gelände bewegen und auch steile Hänge emporklettern. BigDog folgt seinem „Herrn" mithilfe seiner Kameras. Er kann sich aber auch allein von einem Ort zum anderen bewegen, um Truppen zu beliefern.

DARPA

15

Roboter in der Medizin

Extrem präzise in ihren Bewegungen, ersetzen die Roboter nach und nach die Hand des Chirurgen. Über Fernsteuerung können die Roboter von einem Arzt überwacht werden, der sich mehrere tausend Kilometer entfernt vom Patienten befindet! Ausgefeilte robotische Prothesen ersetzen Arme oder Beine der Menschen. Künftig sollen Miniroboter im menschlichen Organismus den Gesundheitszustand überwachen können!

Über einen Bildschirm (links) steuert der Chirurg den Roboterarm Da Vinci. Dieser ist mit winzigen Instrumenten ausgestattet, die kleiner sind als eine Büroklammer. Der Roboter wird für operative Eingriffe am Herzen oder zur Entfernung von Tumoren verwendet.

Eine bionische Prothese

Diese raffinierten robotischen Prothesen, die menschliche Glieder ersetzen, werden buchstäblich an den Körper angeschlossen. Einige reagieren auf Muskelkontraktionen und bewegen sich entsprechend. Noch ausgefeiltere Modelle empfangen elektrische Signale aus dem Gehirn und führen die gewünschten Bewegungen aus.

Links eine mit dem Gehirn verbundene bionische Beinprothese. Die elektrischen Signale des Gehirns werden von Elektroden (rot) aufgenommen, entschlüsselt und in Bewegungen umgewandelt.

Der Roboter Da Vinci

Diese faszinierende Maschine (ob[en]) wird von einem Chirurgen gesteue[rt]. Sie besteht aus vier Roboterarme[n], die im Gegensatz zu normalem Chirurgenbesteck mit Kameras a[us]gestattet sind. Durch kleinste Ein[] schnitte werden sie in den Körpe[r] geführt. Die Kameras übertragen d[ie] Operationszone vergrößert auf ein[en] 3-D-Bildschirm. So kann der Chiru[rg] besser sehen, als er es mit bloßem Auge könnte. Über seine Hände gib[t] er den Roboterarmen Befehle. Die Arme können sich in alle Richtunge[n] bewegen – und das außerordentlic[h] präzise. Sie ermüden nicht und sie zittern auch nicht.

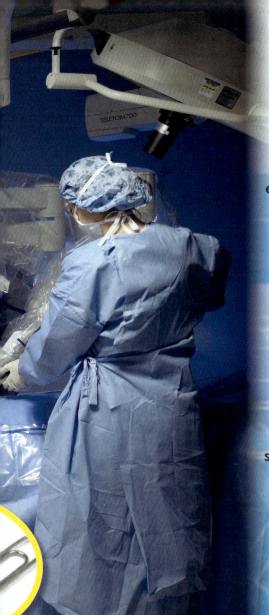

Die Modellpatienten

Heutzutage können künftige Zahnärzte an sehr realistischen Roboterpatienten üben, die sogar schmerzempfindlich sind. Wenn der Student beispielsweise den Nerv eines Zahnes trifft, reagiert der Roboter mehr oder weniger heftig (er kann stöhnen oder den Kopf zur Seite drehen). Die Sensoren im Mund ahmen die schmerzempfindlichen Bereiche nach.

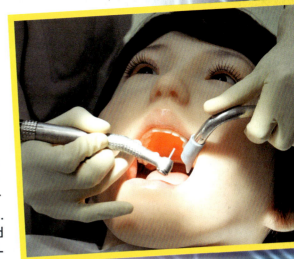

Roboterarzt

RP-VITA ist ein sogenannter Telepräsenz-Roboter. Durch ihn kann ein Arzt seine Patienten im Krankenhaus aufsuchen, ohne anwesend zu sein. Der Roboter bewegt sich selbstständig. Über einen Bildschirm sieht der Patient den Arzt und spricht mit ihm. Dank dieser neuen Technologie kann ein Patient von Spezialisten behandelt werden, die am anderen Ende der Welt leben.

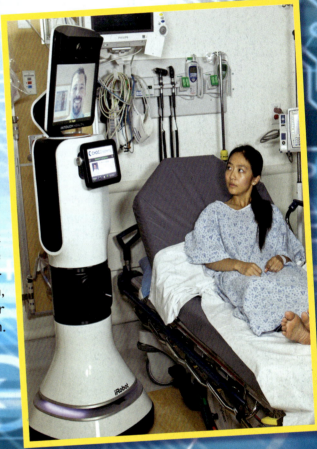

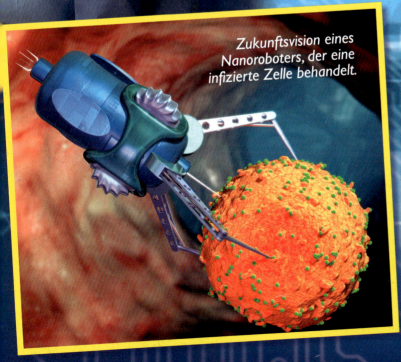

Zukunftsvision eines Nanoroboters, der eine infizierte Zelle behandelt.

Bald gibt es Nanoroboter

Mikroskopisch kleine Roboter, die einfach in unseren Körper wandern, um uns zu behandeln? Die Idee ist nicht verrückt. Die Forschung hat bereits 3 mm kleine Nanoroboter entwickelt! Sie ähneln einer Spermazelle und bewegen sich mithilfe eines Magnetfeldes. Auf diese Weise könnten sie in unseren Adern kreisen, um verstopfte Arterien zu befreien oder um die Wirkung von Medikamenten exakt zu steuern.

Im tiefen Meer

Für Menschen ist es schwierig, am Meeresgrund zu arbeiten: Je tiefer es geht, desto kälter und dunkler wird es, und ab einer gewissen Tiefe halten selbst Taucher mit Spezialausrüstung dem Wasserdruck nicht mehr stand. Daher tauchen immer mehr Roboter in diese Welt ein. Von oben gesteuert oder selbstständig erfüllen sie unterschiedliche Aufgaben: Manche erforschen den Meeresboden und sammeln Fakten für die Erstellung von Unterseekarten, andere suchen nach Wracks auf dem Meeresboden oder reparieren sie sogar.

Die AUVs

Ein AUV (Autonomous Underwater Vehicle) ist ein selbstständiger Unterwasserroboter. Er ist so programmiert, dass er seine Aufgaben eigenständig erledigt. Er kann in verschiedenen Bereichen eingesetzt werden: in der wissenschaftlichen Forschung, zur Inspektion von Unterwasserbauten (Ölplattformen, Ölleitungen, Kabel, Gaspipelines etc.), zum Aufsuchen von Minen und zur Untersuchung von Bodenschätzen.

Das AUV A18 (oben) untersucht ein am Meeresboden liegendes Flugzeug. Seine Instrumente sind im Inneren des Fahrzeugs eingebaut. Der Roboter wird durch Batterien versorgt und kann mindestens 20 Stunden unter Wasser bleiben. Er ist 4,60 m lang und kann bis auf eine Tiefe von 3000 m sinken. Es gibt aber auch AUVs, die bis auf 6000 m und tiefer tauchen können.

Um ein Wrack zu orten und dessen Tiefe abzuschätzen, ist ein AUV mit speziellen Sonargeräten und Sonden ausgestattet. Je nach Aufgabenstellung haben die AUVs auch unterschiedliche Sensoren, Messinstrumente sowie Kameras für Filme oder Fotos an Bord.

Die ROVs

ROV (Remotely Operated Vehicle) bedeutet „ferngesteuertes Fahrzeug". Diese Unterwasserroboter sind über ein Kabel mit einem Boot oder einem U-Boot verbunden und werden von dort aus über einen Joystick gesteuert. Sie sind mit Kameras und Gelenkarmen ausgestattet. Letztere enthalten Werkzeuge zum Greifen von Objekten, Entnehmen von Proben oder zum Durchführen von Reparaturen. Der Forschungs-ROV Victor 6000 (links) aus dem Forschungsinstitut Ifremer kann bis auf eine Tiefe von 6000 m tauchen! Andere ROVs, wie der unten abgebildete, werden an Ölplattformen für verschiedene Aufgaben unter Wasser eingesetzt – Wartung, Reparaturen, Reinigung etc.

ROVs werden von einer Kommandozentrale auf einem Schiff oder einem U-Boot ferngesteuert. Alle Operationen können über Bildschirme verfolgt werden.

Ausschnitt eines der zwei Arme von Victor 6000. Er untersucht vulkanisches Gestein am Meeresboden. Victor 6000 dient vor allem der Erforschung der Tiefseegebiete. Er kann verschiedene Gegenstände greifen, Messungen vornehmen, Proben entnehmen oder Filme und Fotos machen.

Den Lebewesen nachempfunden

Um bewegliche Roboter zu entwickeln, lassen sich die Forscher oft von Lebewesen inspirieren. Crabster (links) ist der Prototyp eines ferngesteuerten Unterwasserroboters. Wie eine Krabbe kann er auch Stellen erreichen, an denen eine starke Strömung herrscht, und sich auf Treibsand oder Schlamm fortbewegen, was ideal zur Erforschung des Meeresbodens oder von Wracks ist. Seine Vorderfüße sind mit Zangen ausgestattet, mit denen er Gegenstände ergreifen und in seinem Inneren verstauen kann.

19

Noch mehr Roboter

Roboter gibt es mittlerweile fast überall, zu Hause, in der Schule ... und auf der Bühne begleiten sie Rockstars! In den letzten Jahren haben die Forscher erstaunliche Roboter entwickelt, die älteren oder behinderten Menschen bei den kleinen alltäglichen Aufgaben helfen, zu denen diese selbst nicht mehr in der Lage sind. Roboter fürchten weder Feuer noch Strahlen, bahnen sich ihren Weg durch Trümmer und können sogar Bomben entschärfen. So sind sie zu wertvollen Begleitern in Gefahrsituationen oder Katastrophen geworden.

Rasenmäherroboter

Roboter im Haushalt

Inzwischen gibt es Roboter, die den Rasen mähen, Boden wischen oder saugen und weitere Aufgaben Haushalt übernehmen. Andere bewachen das Hau schlagen bei Eindringlingen Alarm und rufen den Hauseigentümer an. Der Hausroboter achtet auf a verdächtigen Geräusche und Bewegungen, reagier auf einen schnellen Temperaturanstieg und bemer auch das Austreten von Gas.

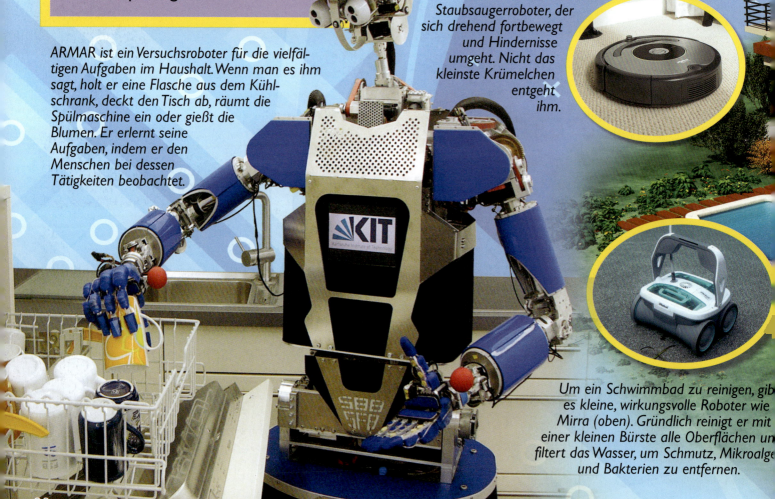

ARMAR ist ein Versuchsroboter für die vielfältigen Aufgaben im Haushalt. Wenn man es ihm sagt, holt er eine Flasche aus dem Kühlschrank, deckt den Tisch ab, räumt die Spülmaschine ein oder gießt die Blumen. Er erlernt seine Aufgaben, indem er den Menschen bei dessen Tätigkeiten beobachtet.

Roomba ist ein kleiner Staubsaugerroboter, der sich drehend fortbewegt und Hindernisse umgeht. Nicht das kleinste Krümelchen entgeht ihm.

Um ein Schwimmbad zu reinigen, gib es kleine, wirkungsvolle Roboter wie Mirra (oben). Gründlich reinigt er mit einer kleinen Bürste alle Oberflächen un filtert das Wasser, um Schmutz, Mikroalge und Bakterien zu entfernen.

Begleiter und Helfer im Leben

Für Personen mit eingeschränkter Beweglichkeit, wie behinderte, kranke oder alte Menschen, entwickelt die Forschung Roboter, die diesen Personen ein möglichst unabhängiges und gefahrloses Leben ermöglichen sollen. Twendy-One ist noch im Versuchsstadium. Er kann einem behinderten Menschen beispielsweise aus dem Bett helfen oder ihm das Frühstück zubereiten. In Altersheimen gibt es mittlerweile Gesellschafter einer neuen Art. Es handelt sich um kleine Stofftierroboter, die auf die Stimme und auf Streicheleinheiten reagieren. Auf diese Weise ermöglichen sie Menschen, die sich nicht mehr mitteilen können, Beziehungen aufzubauen und zu pflegen.

Dieses drollige Hündchen ist nichts anderes als ein Wachroboter. Er dreht seine Runden und kann ferngesteuert werden.

Google Car

Ein Auto ohne Fahrer und nur durch einen Computer gesteuert? Das ist möglich, wie das kleine Google Car zeigt – allerdings noch im Versuchsstadium. Die ersten sebstständig fahrenden Autos werden vielleicht schon 2025 in den Handel kommen.

Roboter in der Schule

Engkey ist ein Englischlehrer wie kein anderer. Mithilfe dieses südkoreanischen Roboters ist auch in entlegenen Dörfern Unterricht möglich, ohne dass ein Lehrer vor Ort sein muss. Der Roboter wird durch einen echten Lehrer ferngesteuert, dessen Gesicht auf dem Bildschirm erscheint. Die Schüler sind daran gewöhnt.

Katastrophenroboter

Roboter sind zunehmend an Rettungseinsätzen beteiligt. Nach dem Terroranschlag auf das World Trade Center im Jahr 2001, das zum Einsturz der Zwillingstürme führte, wurden eilends kleine Roboter in Kettenfahrzeugen zu den Trümmern gebracht, um dort nach Überlebenden zu suchen. Einige Wissenschaftler arbeiten an Schlangenrobotern (siehe Seite 2), die sich einen Weg durch die Trümmer bahnen können. Andere erschaffen Miniroboter, die das Verhalten von Ameisen nachahmen und beispielsweise gemeinsam eine Brücke bauen, um ein Hindernis zu umgehen.

Ins Feuer, ihr Roboter!

Ein Roboter braucht keine Luft zum Atmen. Er kann extreme Hitze überstehen und ein Feuer löschen, während ein Feuerwehrmann ihn fernsteuert und so sein Leben nicht in Gefahr bringt. Die US-Navy entwickelt Zusammenarbeit mit amerikanischen Universitäten einen humanoiden Löschroboter, der die Menschen beim Löschen eines Feuers unterstützen kann.

Der Löschroboter Thermite

Nukleare Katastrophen

Roboter werden nach Nuklearkatastrophen eingesetzt, damit Menschen sich nicht der gefährlichen radioaktiven Strahlung aussetzen müssen. Sie können Fotos machen, Temperatur und Radioaktivität messen und einige Handgriffe erledigen: Ventile öffnen oder schließen, organisches Material untersuchen, Trümmer wegräumen, Proben entnehmen etc. All dies kann der Roboter Éole.

Éole kann Hindernisse überwinden, Treppen steigen und Türen öffnen.

Retter der Zukunft

Der Roboter Atlas (rechts) ist als Extremretter in der Planung. Der Prototyp ist 1,87 m groß und kann sich in extrem gefährlichen Situationen bewegen. Er handelt dank seiner künstlichen Intelligenz selbstständig. Eines Tages wird er vielleicht in allen Katastrophengebieten zu finden sein! Vor ihm wird wohl das robotische Exoskelett (siehe Seite 14) zum Einsatz kommen, das die Kräfte der Retter verzehnfacht, damit sie verschüttete Menschen schnell aus den Trümmern ziehen können.

Vorsicht, Sprengstoff!

Für den Dienst bei der Polizei, beim Zoll oder beim Militär wurde der Minenroboter geschaffen, der mit explosiven Stoffen umgehen kann. Er wird ferngesteuert und verwendet einen sehr genauen Hochdruckwasserstrahl, um die Bauteile eines verdächtigen Pakets so zu zerlegen, dass Zünder und Munition getrennt werden. Dieser Wasserstrahl zertrümmert eine Bombe, bevor sie detoniert und eine Explosion auslöst.

Roboter-Shows

Rock 'n' robots

Die Roboter trauen sich auf die Bühne und geben Konzerte, wie die japanische Roboterband Z-Machines. Der Gitarrist kann mit seinen 78 Fingern eine wahre Flut an Tönen pro Minute spielen! Es gibt auch einen Schlagzeuger (mit sechs Armen und 22 Stöcken!) und einen Pianisten. Doch Vorsicht: Auch wenn diese Maschinen Musikstücke virtuos interpretieren können, sind sie noch nicht in der Lage, zu improvisieren.

Kampfroboter

In den letzten Jahren haben Kampfroboter die Gladiatorenkämpfe neu erfunden. Sie bieten Roboteringenieuren die Gelegenheit, sich mit anderen Konstrukteuren im Ring zu messen und ihre Techniken zu verbessern. Ein amerikanischer TV-Sender hat diese Kämpfe ins Fernsehen gebracht und überträgt wahre Schlachten von Robotergiganten.

Roboter gibt es fast überall

Welcher Roboter gehört in welche Umgebung? Schreibe die jeweils richtige Zahl in die leeren Kreise.

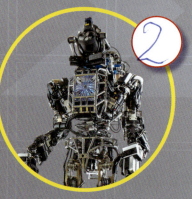
Atlas

Crabster

Engkey

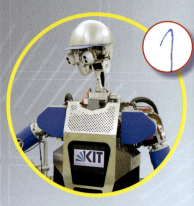
Armar

❶ Haushalt
❷ Katastrophengebiet
❸ Unter Wasser
❹ Schule

Bist du schon Experte?

Dann kannst du sicher die folgenden Fragen beantworten!

❶ **Was sind humanoide Roboter?**
a) Roboter, die bei der Pflege von Menschen eingesetzt werden
b) Roboter, die zur Rettung von Menschen eingesetzt werden
c) Roboter, die in Form und Bewegungen dem Menschen ähneln

❷ **Auf welchem Planeten wurde der Roboter Curiosity abgesetzt?**
a) Auf dem Merkur
b) Auf der Venus
c) Auf dem Mars

❸ **Was ist eine Drohne?**
a) Ein Roboter für das Tragen von Lasten
b) Ein unbemanntes Fluggerät
c) Ein winziger Roboter für medizinische Zwecke

❹ **Was ist der RoboCup?**
a) Die Fußballweltmeisterschaft der Roboter
b) Die Weltmeisterschaft der Roboterkonstrukteure
c) Die Weltmeisterschaft von Fußballspielern mit robotischen Prothesen

❺ **Roboter können inzwischen fast alles. Was können sie nicht?**
a) Lernen und sich weiterentwickeln
b) Musik improvisieren
c) Fußball spielen

❻ **Wer war der erste Roboter?**
a) Das Tamagotchi in Japan
b) Das Mondmobil Lunochod in der Sowjetunion
c) Elmer, die Schildkröte, in den Vereinigten Staaten

Mensch und Maschine

In Filmen erscheinen auch Mischwesen aus Menschen und Robotern. Der Terminator zum Beispiel hat überragende Fähigkeiten, die menschliche Intelligenz und die Leistungskraft von Maschinen vereinen. Solche hybriden Wesen sind sehr gut an ihre Umwelt angepasst. Inzwischen gibt es einen eigenen Forschungszweig, der daran arbeitet, biologische und elektronische Elemente zu verbinden: die Bioelektronik. Ferngesteuerte Käfer könnten eines Tages im Katastropheneinsatz arbeiten und helfen, Menschen zu retten. Kennst du den Namen dieser Mischwesen? Du brauchst nur die gelben Buchstaben in die weißen Kreise links zu schreiben.

Wachsamer Roboter

Der elektronische Wachhund soll durch das Haus laufen, um Einbrecher ausfindig zu machen. Leite ihn auf seiner Runde von der Haustür bis zum Garten!

25

Welcher Roboter ist das?

Trage die gesuchten Spielroboter ein. Kannst du das fehlende Bild erraten?

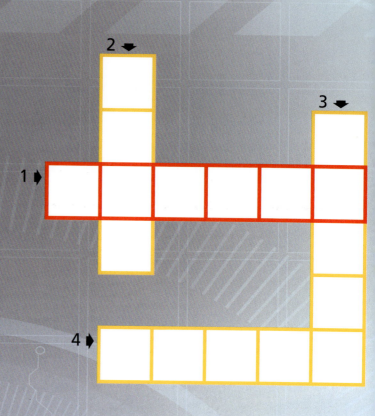

① Roboterrüstungen, so wie Iron Man sie trägt, gibt es nicht nur im Film. R

② Der Kinoheld R2 D2 aus dem Film „Star Wars" kann nicht sprechen. F

③ Humanoide Roboter wie das Roboterkind iCub wachsen sogar. F

④ Es gibt einen Roboter, der quer durch Deutschland getrampt ist. F

⑤ Roboter können sich fortpflanzen. F

⑥ Es gibt eine Ruhmeshalle für Roboter. R

⑦ Es gibt eine eigene Olympiade für den Bau von Robotern. F

⑧ Roboter können sich nicht selbst reparieren. F

⑨ Roboter arbeiten bereits als Kundenberater. R

⑩ Durch einen Roboter wurde in der Cheops-Pyramide eine mit Schätzen gefüllte Grabkammer entdeckt. R

Richtig oder falsch?

Kannst du dir denken, welche dieser Aussagen richtig sind und welche falsch?

Von wem ist hier die Rede? 7

Manche Roboter sind dem Menschen recht ähnlich. In Märchen und Geschichten gibt es aber auch andere Wesen, die nicht aus Fleisch und Blut, aber dennoch quicklebendig sind.

❶ Ich bin aus Holz, öfter mal unartig und halte es mit der Wahrheit nicht so genau.

_____

❷ Ich bin aus Blech und erlebe zusammen mit einer Vogelscheuche und einem Löwen manches Abenteuer.

_____

❸ Ich bin aus Mehl und Eiern und laufe allen davon.

_____

❹ Ich bin aus Holz und ziehe gegen den Mäusekönig in die Schlacht.

_____

Ein Roboter in seinen Teilen 8

Kannst du acht Bestandteile von Robotern aus diesen Silben zusammenstellen?

BEL-FON-GRAMM-IN-KA-KA-KRO-ME-MEN-MESS-MI-NER-PRO-RA-RAD-RECH-SEN-TE-STRU-SOR-ZAHN

Ⓚ ○○○○
Ⓚ ○○○○○
Ⓜ ○○○○○○
Ⓟ ○○○○○○○
Ⓡ ○○○○○○
Ⓢ ○○○○○
Ⓜ ○○○○○○○○○○○○○
Ⓩ ○○○○○○

27

Lösungen für das Quiz

Frage 1

Atlas: ❷ Katastrophengebiet
Crabster: ❸ Unter Wasser
Engkey: ❹ Schule
Armar: ❶ Haushalt

Frage 2

1 c; 2 c; 3 b; 4 a; 5 b; 6 c

Frage 3

CYBORG

Frage 4

Frage 5

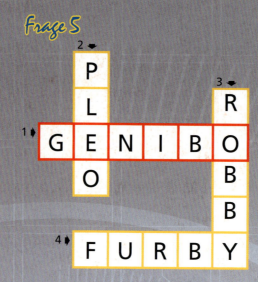

Ein Bild von Genibo findest du auf den Seiten 8–9.

Frage 6

❶ Falsch. Aber es gibt Roboteranzüge, mit denen querschnittsgelähmte Menschen wieder laufen können.
❷ Richtig. Der Wartungsdroide kann nur Pfeiftöne von sich geben. Seine Sprache wird oft von seinem Freund C-3PO übersetzt.
❸ Falsch. Humanoide Roboter wachsen nicht.
❹ Richtig. Der kanadische Roboter Hitchbot trampte eigenständig durch Kanada und Deutschland. Er nahm sogar am Kölner Rosenmontagszug teil!
❺ Falsch. Roboter können sich nicht fortpflanzen. Einige Modelle bauen aber Kopien von sich selbst, wenn die nötigen Teile vorhanden sind.
❻ Richtig. Seit 2003 besteht die Robot Hall of Fame in den Vereinigten Staaten. In sie werden herausragende Entwicklungen der Roboter-Technologie aufgenommen.
❼ Richtig. Bei der World Robot Olympiad bauen Jugendliche zwischen 8 und 19 Jahren Roboter auf der Grundlage des Lego-Mindstorms-Systems.
❽ Falsch. Einige Roboter an schwer erreichbaren Orten, wie etwa im Weltall, reparieren sich selbstständig.
❾ Richtig. In Japan arbeitet der Roboter Pepper schon als Bankberater.
❿ Falsch. Die Cheops-Pyramide wurde zwar tatsächlich mit Robotern erforscht, gefunden wurde aber keine mit Schätzen gefüllte Grabkammer. Dafür aber immerhin Hieroglyphen.

Frage 7

❶ Pinocchio
❷ Der Blechmann in „Der Zauberer von Oz"
❸ Der dicke fette Pfannkuchen im gleichnamigen Märchen
❹ Der Nussknacker im Märchen „Nussknacker und Mausekönig"

Frage 8

KABEL; KAMERA; MIKROFON; PROGRAMM; RECHNER; SENSOR; MESSINSTRUMENTE; ZAHNRAD

© 2016 Tandem Verlag GmbH
Birkenstraße 10, D-14469 Potsdam

© der französischen Ausgabe:
La grande imagerie – Les Robots
Fleurus Éditions, Paris

Alle Rechte vorbehalten

ISBN: 978-3-8427-1379-6

Konzeption: Jack Delaroche
Text: Cathy Franco
Illustrationen: Jacques Dayan
Übersetzung: Annette Mader
Quizaufgaben: Ursula Fethke
Satz und Gestaltung: ce redaktionsbüro
Umschlaggestaltung: MWK, Köln

Gesamtherstellung: Tandem Verlag GmbH, Potsdam

© 2015 ProSiebenSat.1 TV Deutschland GmbH, Lizenz durch: ProSiebenSat.1 Licensing GmbH
www.ProSiebenSat1Licensing.de